Impressum
Verlag: BABADADA GmbH, Nedderfeld 112 , 22529 Hamburg
Geschäftsführer / Verlagsleitung: Harald Hof
Druck: Books on Demand GmbH, In de Tarpen 42, 22848 Norderstedt

Imprint
Publisher: BABADADA GmbH, Nedderfeld 112 , 22529 Hamburg, Germany
Managing Director / Publishing direction: Harald Hof
Print: Books on Demand GmbH, In de Tarpen 42, 22848 Norderstedt

学校

yachay wasi

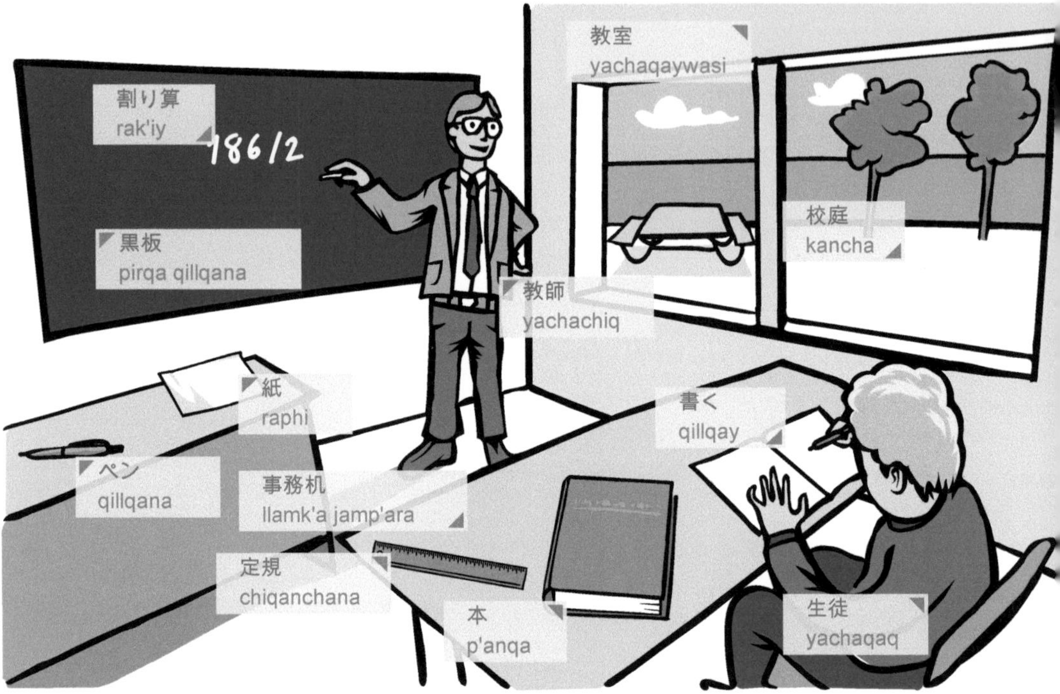
教室
yachaqaywasi
割り算
rak'iy
186/2
黒板
pirqa qillqana
校庭
kancha
教師
yachachiq
紙
raphi
書く
qillqay
ペン
qillqana
事務机
llamk'a jamp'ara
定規
chiqanchana
本
p'anqa
生徒
yachaqaq

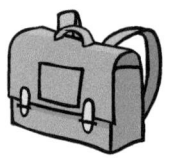

ランドセル

wayaqa

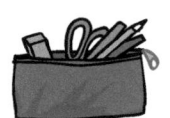

筆入れ

p'uktaki llimp'i qillqana

鉛筆

yana qillqana

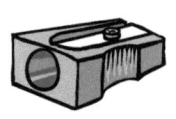

鉛筆削り

ñawch'ina

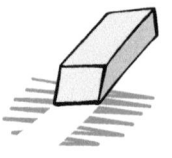

消しゴム

qillqakhituna

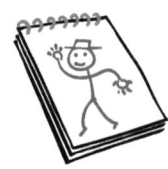

スケッチブック

qillqana p'anqa siq'inapaq

スケッチ
siq'i

絵筆
chukcha llimp'ina

絵の具箱
p'uktaki llimp'ikuna

はさみ
k'utuna

接着剤
k'akachana

練習帳
qillqana p'anqa ruwanakuna

宿題
kamachinakuna

数
yupay

足し算
yapay

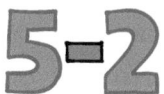

引き算
qhichuqay

かけ算
mirachay

計算する
yupanchay

文字
sanampa

アルファベット
sanampakuna

単語
simi rimay

テキスト

qillqa

読む

ñawiriy

チョーク

iskuna

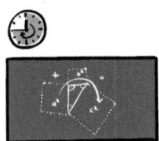

授業

yachachina

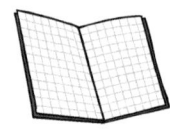

学級日誌

qillqana p'anqacha

試験

chaninchana

通知表

certificaru

制服

uniforme

教育

yachay

百科事典

jatun simi pirwa

大学

Jatun yachaywasi

顕微鏡

microscopio

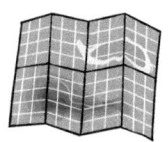

地図

saywa siq'i

ごみ箱

raphi chuqana

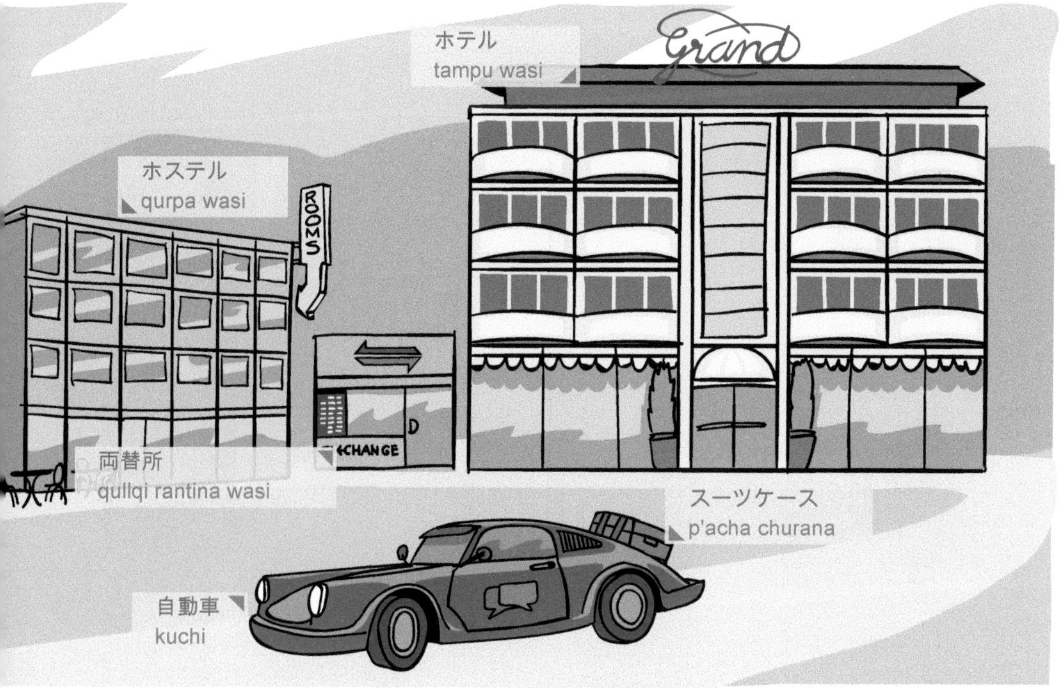

ホテル
tampu wasi
Grand
ホステル
qurpa wasi
ROOMS
両替所
qullqi rantina wasi
スーツケース
p'acha churana
自動車
kuchi

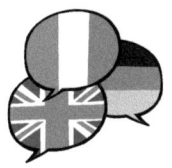

言語
simi

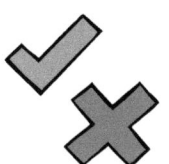

はい / いいえ
ari / mana

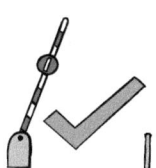

問題ない
ari

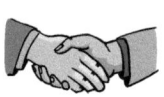

ハロー
Imaynalla

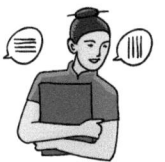

翻訳者
tikraq

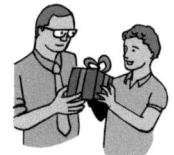

ありがとう
Pachi

…はいくらですか？

¡Machkhataq?

わかりません

Mana yachanichu

問題

ch'ampay

こんばんは！

¡Allin tuta!

おはようございます！

¡Allin P'unchaw!

おやすみなさい！

¡Allin tuta!

さようなら

tinkunakama

方向

pusachay wasi

手荷物

q'ipi

バッグ

wayaqa

リュックサック

wasa wayaqa

お客様

jamuynisqa

部屋

wasi

寝袋

puñunapaq wayaqa

テント

tienda

旅行者情報

turismu willakuy

ビーチ

quchapata

クレジットカード

tarjita kriditumanta

朝食

paqarin mikhuy

昼食

chawpi p'unchaw mikhuy

夕食

tuta mikhuy

チケット

qullqi

エレベーター

makina wicharinapaq

スタンプ

unanchana

境界

saywa

税関

adwana

大使館

imwajada

ビザ

visa

パスポート

pasapurti

輸送

astana

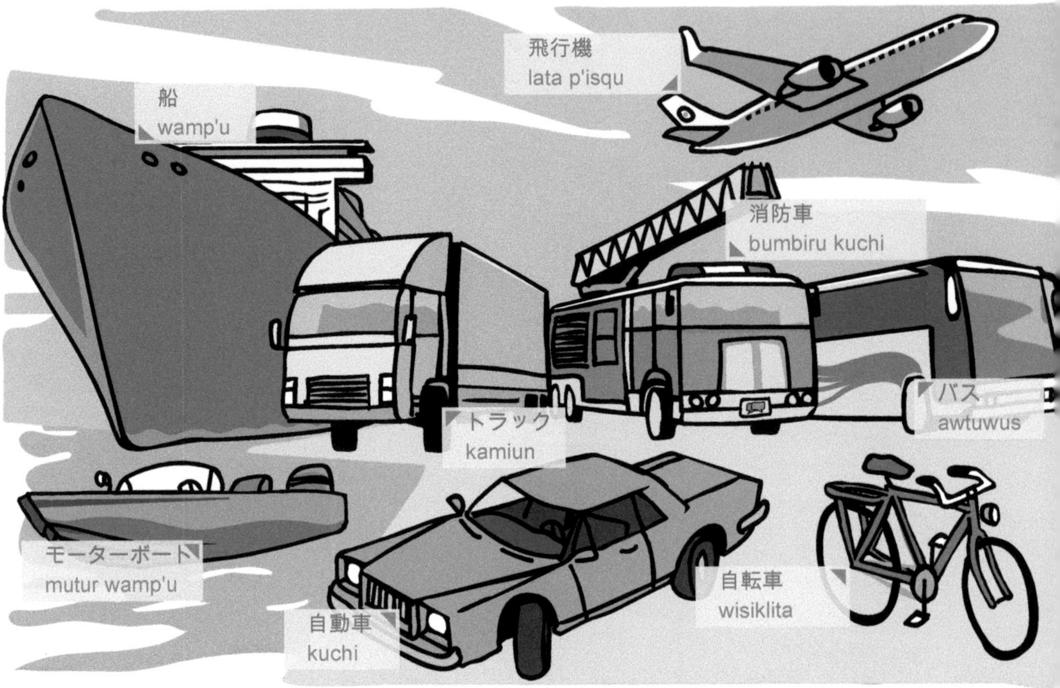

飛行機
lata p'isqu
船
wamp'u
消防車
bumbiru kuchi
バス
awtuwus
トラック
kamiun
モーターボート
mutur wamp'u
自転車
wisiklita
自動車
kuchi

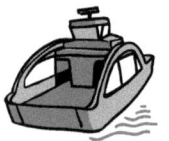

フェリー

quchacha

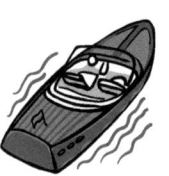

ボート

wamp'u

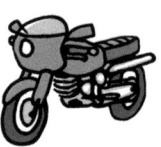

バイク

mutu

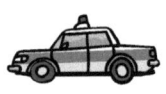

パトカー

pulisiyap autun

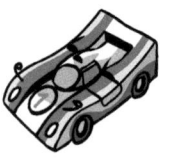

レーシングカー

usqay karru

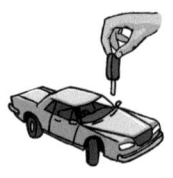

レンタカー

kuchi manukuna

カーシェアリング

kuchi manu

レッカー車

grua

ごみ収集車

q'upa kamiun

モーター

mutur

燃料

gasulina

ガソリンスタンド

gasulinamanta istasiun

交通標識

chakatana sanampa

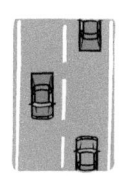

交通

trajiku

渋滞

chakatana

駐車場

istasiun

駅

trin estasiun

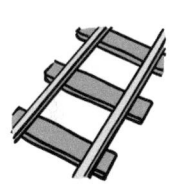

道

ñankuna

列車

trin

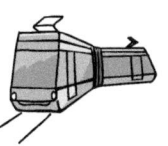

路面電車

tranwia

車両

wagun

ヘリコプター

ilikuptiru

空港

lata p'isqu kiti

タワー

pukara

乗客

pasaqlla

コンテナ

jatun p'uktaki

段ボール箱

karton p'uktaki

カート

kapachu

カゴ

isanka

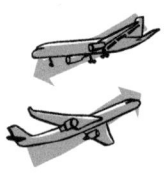

離陸 / 着陸

phaway / uray

都市

llaqta

村

llaqta

都心

chawpi jatun llaqta

家

wasi

映画館 sini

宣伝 willachiy

街灯 k'ancha tuni

通り ñan

タクシー taksi

キオスク kiosko

CINEMA

歩行者 puriq

舗道 asera

横断歩道 siwra thatkiy

ゴミ箱 ...tun q'upa wikch'una

交差点 apachita

信号 simaforo

小屋
ch'ullka

アパート
apartamento

駅
trin estasiun

市役所
tantanakuy wasi

美術館
rikuchina wasi

学校
yachay wasi

大学

Jatun yachaywasi

銀行

qullqi pirwa

病院

Jampina wasi

ホテル

tampu wasi

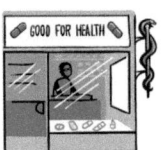

薬局

jampi ranqhana wasi

オフィス

ujisina

書店

p'anqa pirwa

ショップ

tienda

花屋

t'ika wasi

スーパーマーケット

jatun qhatu

市場

qhatu

デパート

jatun pirwa

魚屋

challwa wasi

ショッピングセンター

jatun rantina wasi

港

wamp'u qhispinan

公園

jark'asqa chiqan

ベンチ

qullqi pirwa

橋

chaka

階段

wichana

地下鉄

metro

トンネル

suqhu

バス停

autuwus sayana

バー

bar

レストラン

mikhuna wasi

ポスト

lla qillqa juch'uy wanqara

道路標識

t'uqsi tuni

パーキングメーター

parkimetro

動物園

jatun uywa kancha

スイミングプール

armakuna

モスク

meskita

農場

chakra wasi

汚染

pacha unquchiq

墓地

Aya pampa

教会

iñiy wasi

遊び場

pukllana kancha

寺

Qhapana

風景

wanlla

葉
raphi

道標
sanampa

道
ñan

草地
waylla

石
rumi

木
sach'a

ハイカー
puriq runa

川
mayu

草
sach'a

花
t'ika

谷

qhichwa

山

muqu

湖

qucha

森

Sach'a sach'a

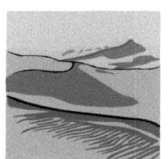

砂漠

purun

火山

nina phuqchiq urqu

城

kastilla wasi

虹

k'uychi

キノコ

champiñun

ヤシの木

chunta

蚊

ch'uspi

ハエ

ch'uspi

蟻

sik'imira

ミツバチ

wara

クモ

kusi kusi

カブトムシ

ch'iqi

蛙

k'ayra

リス

artilla

ハリネズミ

askanku

ウサギ

liwre

フクロウ

ch'usiqa

鳥

p'isqu

白鳥

yuku p'isqu

雄豚

sintiru

鹿

sierwu

ヘラジカ

alsi

ダム

waykhasqa

風力タービン

wayrakallpa

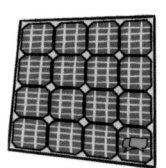

ソーラーパネル

inti panil

気候

pacha wayra

レストラン
mikhuna wasi

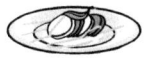

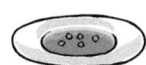

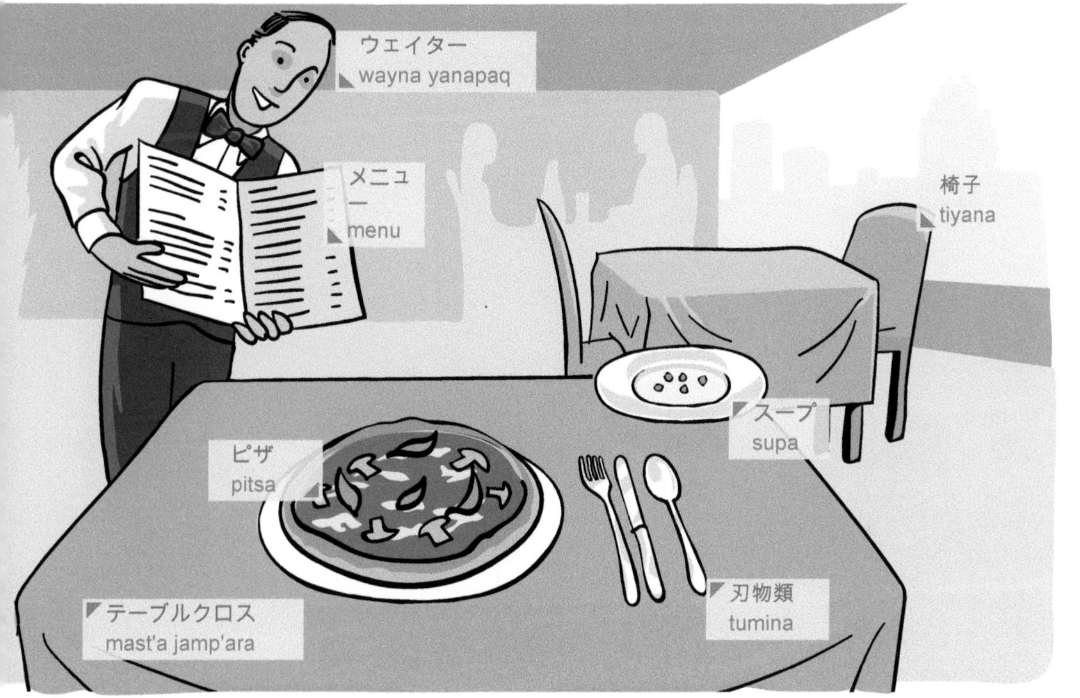
ウェイター
wayna yanapaq
メニュー
menu
椅子
tiyana
スープ
supa
ピザ
pitsa
テーブルクロス
mast'a jamp'ara
刃物類
tumina

前菜

ñawpaq mikhuna

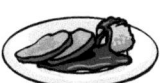

メインコース

yari mikhuna

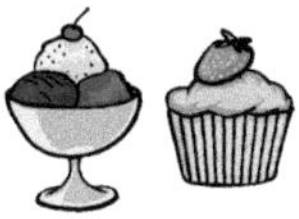

デザート

mikhuy yapa

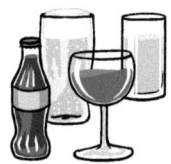

飲み物

upyanakuna

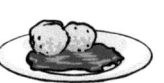

食べ物

mikhuna

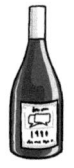

ボトル

wutilla

ファストフード

saqra ura

屋台の食べ物

kalli mikhuna

ティーポット

te churana

砂糖入れ

misk'i churana

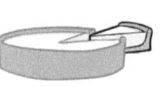

一人前

chhika

エスプレッソマシン

cajitira iksprisu

幼児用食事椅子

jatun tiyana

請求書

yupay

トレー

bandija

ナイフ

tumi

フォーク

tinidur

スプーン

wislla uña

ティースプーン

juch'uy wislla uña

ナプキン

simi pichana

グラス

qhispi akilla

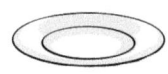

皿
chuwa

スープ皿
chuwa

受け皿
chuwa

ソース
salsa

塩入れ
kachi churana

ペッパーミル
pimienta kutana

酢
k'allkucha

油
llukllu

スパイス
ch'aki q'mirkuna

ケチャップ
ketchup

マスタード
mostaza

マヨネーズ
mayonisa

スーパーマーケット

jatun qhatu

特価品
kusa ranqhanapaq
FOR
顧客
rantiq
乳製品
willalli
果物
puquy
ショッピング・カート
rantina karro

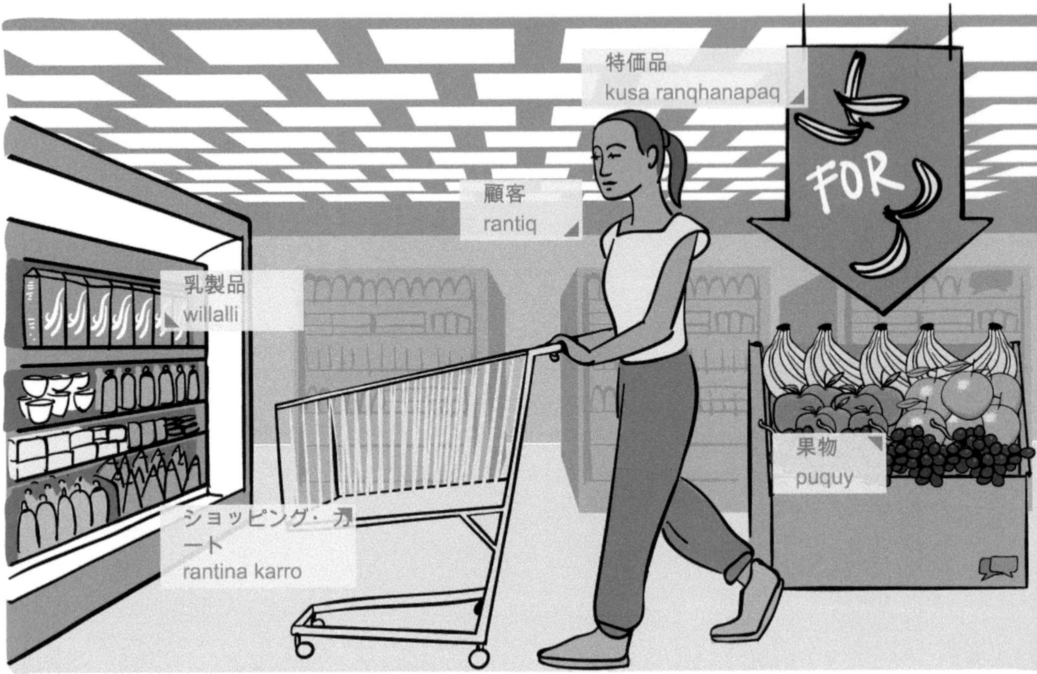

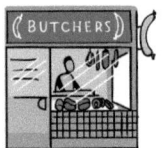

BUTCHERS

肉屋

aicha wasi

BAKERY

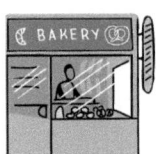

パン屋

t'anta wasi

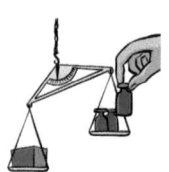

重さをはかる

llasay

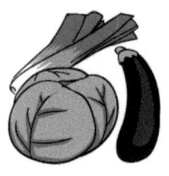

野菜

q'umirkuna

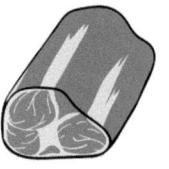

肉

aycha

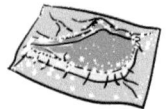

冷凍食品

chhullunka mikhuna

冷肉の薄切り

quqawi

缶詰食品

mikhuna unaychasqa

洗剤

ditirjinti

菓子

misk'ikuna

家庭用品

wasimanta pruduktu

清掃用品

maylla produkto

販売員

ranqhaq

現金箱

kartun p'uktaki

レジ係

kajiru

買い物リスト

sinru qillqa rantina

開館時刻

sumaq runa uyarina phani

財布

qullqi wayaqa

クレジットカード

tarjita kriditumanta

バッグ

plastiko wayaqa

ポリ袋

plastiku wayaqa

水

yaku

ジュース

jilli

牛乳

ch'awa

コーラ

coca cola

ワイン

vino

ビール

sirwisa

アルコール

alkula

ココア

kakawu

紅茶

te

コーヒー

caji

エスプレッソ

ieksprisu

カプチーノ

capuchinu

バナナ

platanu

リンゴ

mansana

オレンジ

laranja

メロン

milun

レモン

limun

ニンジン

sanawrya

ニンニク

aju

竹

wamwu

玉ねぎ

siwulla

キノコ

champiñun

ナッツ

awillana

ヌードル

jirius

スパゲッティ

ispawiti

米

arrus

サラダ

sarsa

フライドポテト

papa kanka

フライドポテト

papa kanka

ピザ

pitsa

ハンバーガー

amwirkisa

サンドウィッチ

sanwich

カツレツ

jiliti

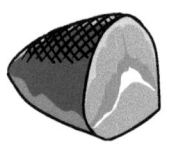

ハム

jamun

サラミ

salami

ソーセージ

salchicha

鶏肉

chichilu

焼き

aycha kanka

魚

challwa

麦のお粥

p'aqa awina

ムーズリ

muesli

コーンフレーク

p'aqa sara

小麦粉

jak'u

クロワッサン

krwasan

ロールパン

k'awka

パン

t'anta

トースト

t'anta jamk'a

ビスケット

khamuna

バター

mantikilla

カッテージチーズ

ñuqñu

ケーキ

pastil

卵

runtu

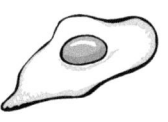

目玉焼き

runtu kanka

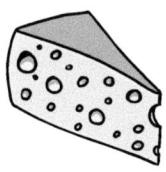

チーズ

masara

アイスクリーム

chullunka misk'i

砂糖

misk'i

はちみつ

wayrunq'u misk'i

ジャム

mirmilara

ヌガークリーム

krima turrunmanta

カレー

kurri

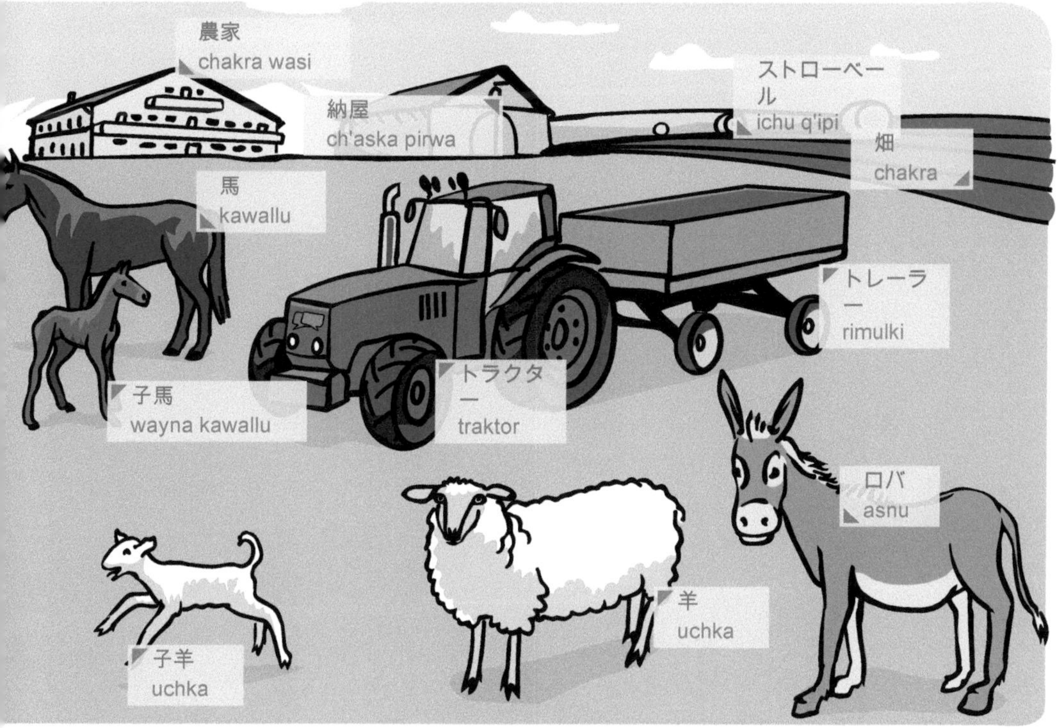

農家
chakra wasi

納屋
ch'aska pirwa

ストローベール
ichu q'ipi

畑
chakra

馬
kawallu

トレーラー
rimulki

子馬
wayna kawallu

トラクター
traktor

ロバ
asnu

子羊
uchka

羊
uchka

ヤギ
karwa

雌牛
waka

子牛
waka uña

豚
khuchi

子豚
khuchi uña

雄牛
turu

ガチョウ

wallata

アヒル

pili

ひよこ

chchilu

にわとり

wallpa

おんどり

k'anka

ネズミ

jatun juk'ucha

猫

misi/michi

ねずみ

juk'ucha

雄牛

turu

犬

alqu

犬小屋

alquwasi

散水ホース

mankira

じょうろ

qarpana jalp'a

大鎌

rutuna

すき

taklla

草刈り鎌

rutuna

くわ

liwk'ana

堆肥用フォーク

sipina

斧

ayri

手押し車

kapachu

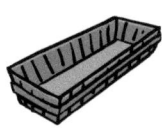

かいばおけ

yaku upyana

牛乳缶

willalli purunku

袋

jatun wayaqa

フェンス

jark'aq ch'ipa

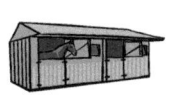

畜舎

kancha wasi

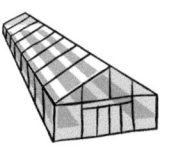

温室

inwirnadiru

土壌

pampa

種

muju

肥料

wanu

コンバイン

makina allana

収穫する

allay

収穫

allay

ヤマイモ

ñame

小麦

tiriwu

大豆

soya

じゃがいも

papa

トウモロコシ

sara

菜種

kulsa luru

果樹

wayu sach'a

キャッサバ

mandiuka

穀物

ch'aki puquy

煙突
wasi p'aku

屋根
wasi sañu

排水管
larq'a

窓
qhawana jusk'u

車庫
autu wasi jalch'ana

呼び鈴
punku waqyana

ドア
punku

ゴミ箱
q'upa wikch'una

郵便受け
willa qillqa juch'uy wanqara

庭
inkill

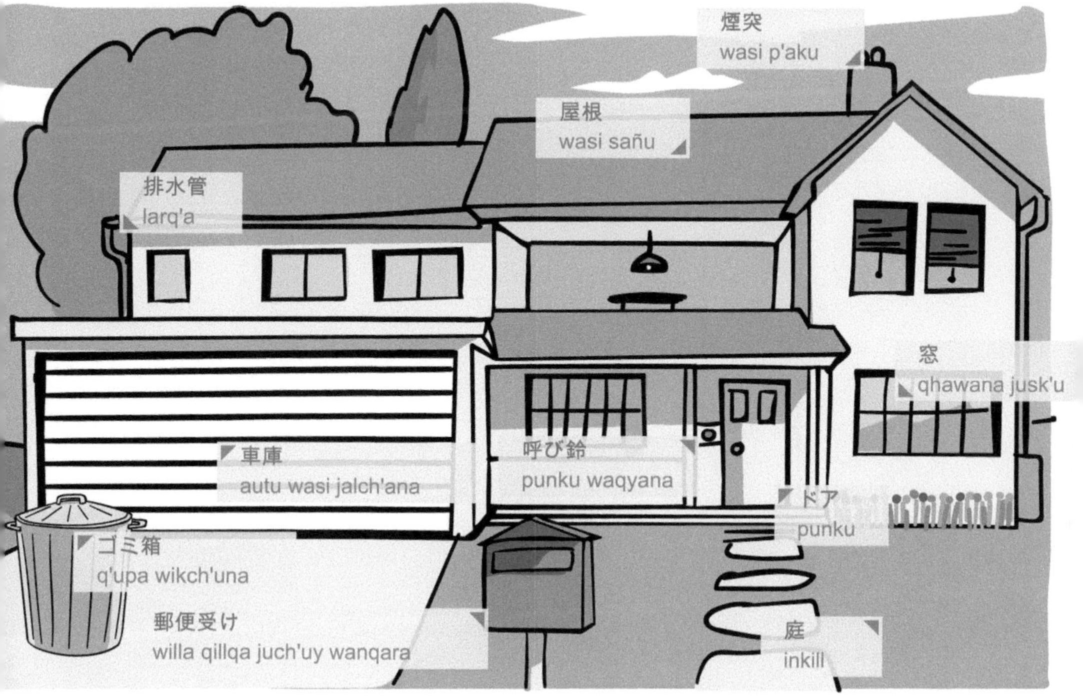

リビングルーム

k'illi wanlla

浴室

akana wasi

台所

wayk'una wasi

寝室

puñuna wasi

子供部屋

wawa k'uchu

ダイニング・ルーム

mikhuna k'uchu

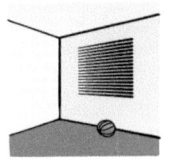

床
pampa

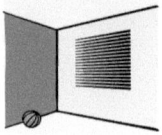

壁
pirqa

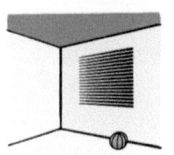

天井
wasip khatan

地下貯蔵庫
wasi ukhun

サウナ
sawna

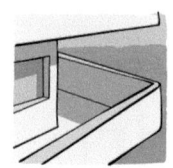

バルコニー
walkun

テラス
pirqa

プール
armakuna

芝刈り機
k'achina

シーツ
iqana

ベッドカバー
khatana

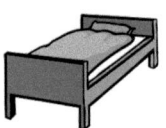

ベッド
puñuna

ほうき
pichana

バケツ
yaku aysana

スイッチ
k'ancha jap'ichiq

リビングルーム
k'illi wanlla

壁紙
raphi llimp'isqa
絵
lanti
ランプ
k'anchana
棚
p'anqa jallch'ana
食器棚
churakuna
テレビ
tele
暖炉
wasi p'aku
花
t'ika
クッショ
ン
sawna
ソファ
sufa
花瓶
p'uñu
リモコン
kuntrul remoto

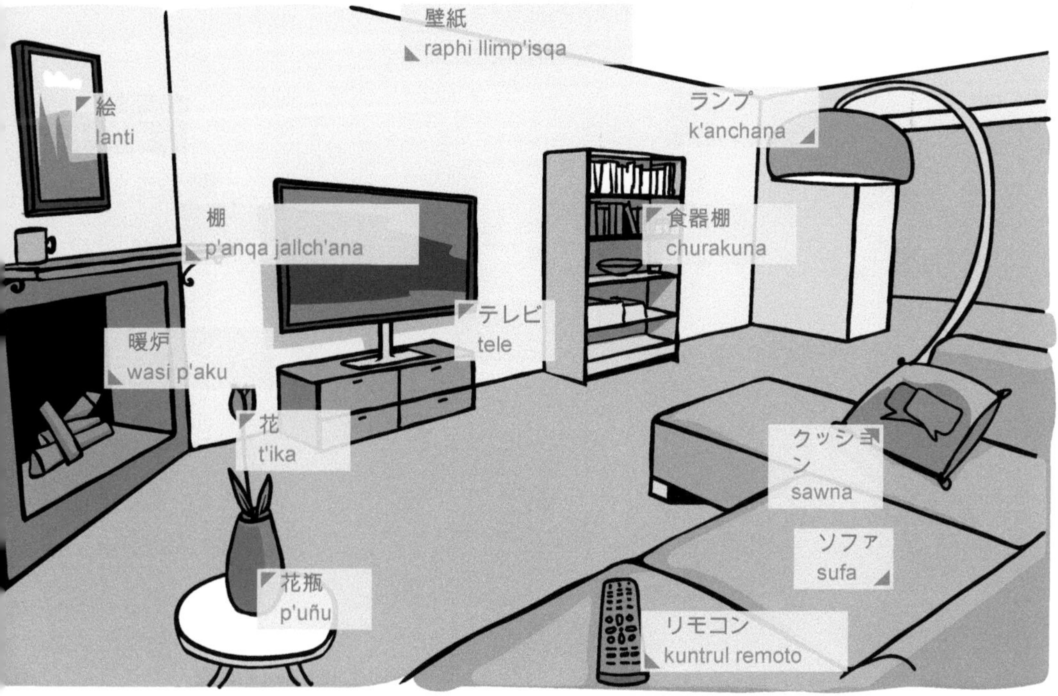

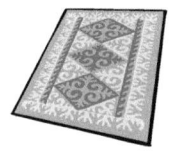

カーペット

pampa mast'ana

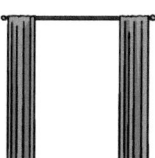

カーテン

arapa

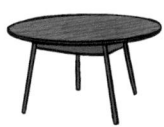

テーブル

jamp'ara

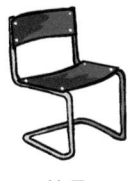

椅子

tiyana

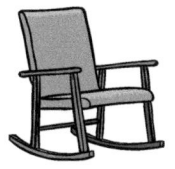

ロッキングチェア

chhuku tiyana

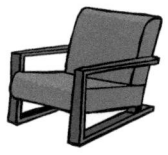

ひじ掛け椅子

kirana

本

p'anqa

毛布

mast'a

飾り

t'ikanchay

たきぎ

llamt'a

映画

pelikula

ステレオ

takina ekipu

鍵

ch'atana

新聞

mit'awa

絵画

llimp'i

ポスター

poster

ラジオ

wayra simi

メモ帳

qillqana p'anqa

掃除機

aspiradora

サボテン

pukru

ろうそく

ispilma

台所
wayk'una wasi

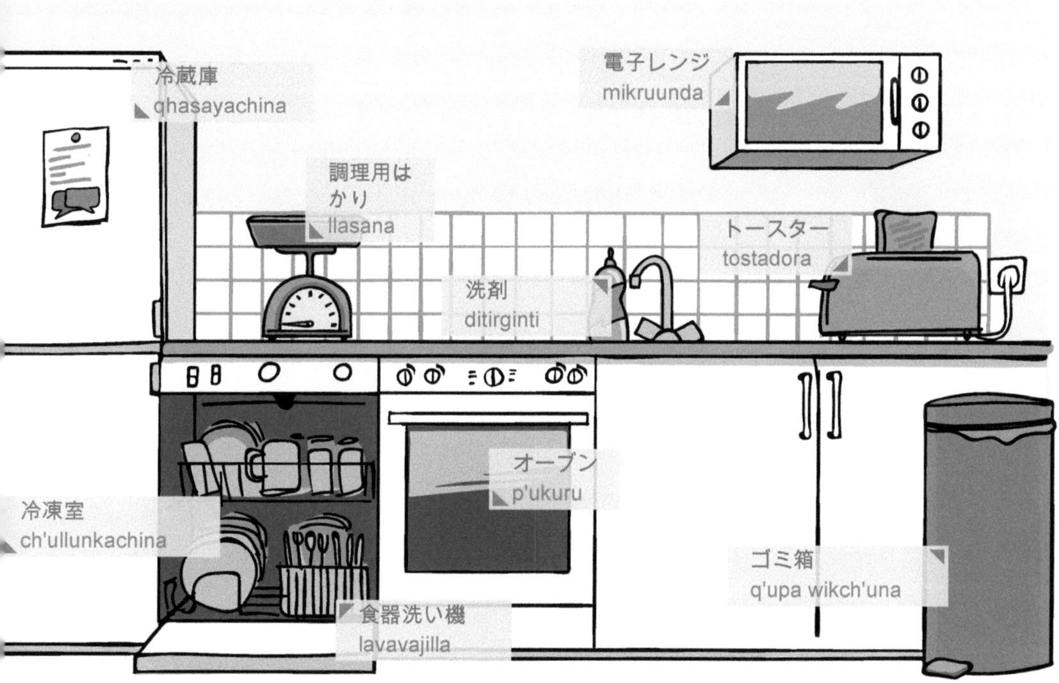

冷蔵庫
qhasayachina
電子レンジ
mikruunda
調理用はかり
llasana
トースター
tostadora
洗剤
ditirginti
オーブン
p'ukuru
冷凍室
ch'ullunkachina
ゴミ箱
q'upa wikch'una
食器洗い機
lavavajilla

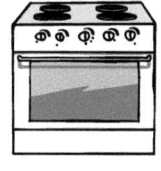

こんろ
presiun manka

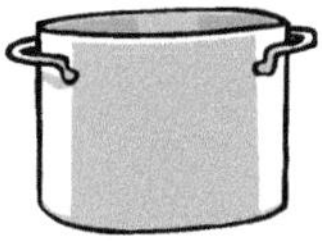
鍋
manka

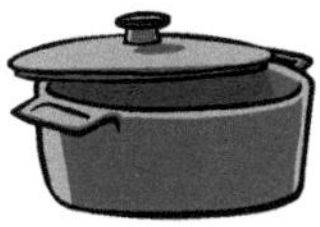
鉄鍋
q'illa manka

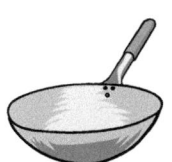

中華鍋/ カダイ鍋
wok

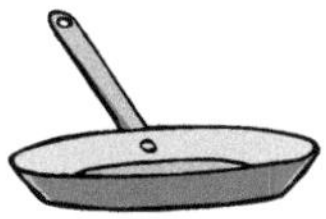
フライパン
payla

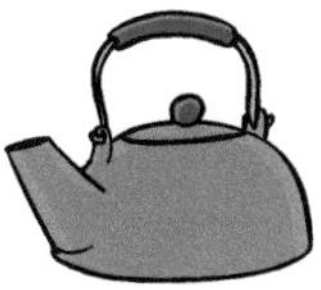
やかん
thimpuchina

蒸し器

wapsina

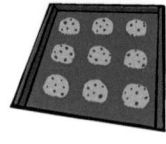

天板

p'ukuru punku

食器

vajilla

マグカップ

tasa

ボウル

tason

箸

palillo

おたま

wislla

へら

phusuqa urquna

泡立て器

qaywina

こし器

isanka

ふるい

suysuna

すりおろし器

thupana

すり鉢

kutana

バーベキュー

kawitu

かまど

nina jap'ichina

まな板

k'ullu kuchunapaq

麺棒

tuquru

栓抜き

sacacurchu

缶

lata

缶切り

lata kichana

鍋つかみ

jap'ina

流し

chuwa mayllana

ブラシ

sipillu

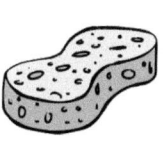

スポンジ

ispunja

ミキサー

watidora

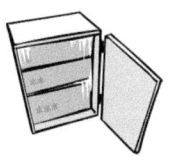

冷凍庫

ch'ullunkachina

哺乳瓶

biberon

蛇口

grifo

浴室

akana wasi

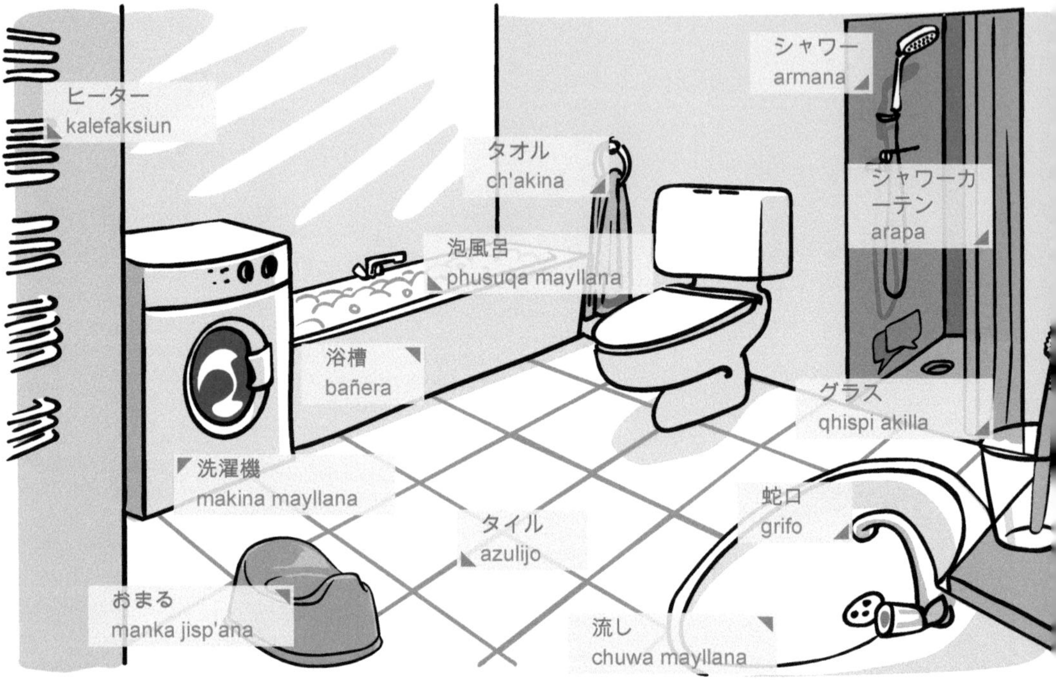

シャワー
armana
ヒーター
kalefaksiun
タオル
ch'akina
シャワーカーテン
arapa
泡風呂
phusuqa mayllana
浴槽
bañera
グラス
qhispi akilla
洗濯機
makina mayllana
蛇口
grifo
タイル
azulijo
おまる
manka jisp'ana
流し
chuwa mayllana

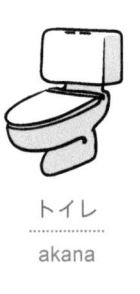

トイレ

akana

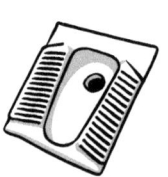

和式トイレ

yakupaka

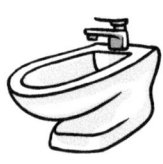

ビデ

bidet

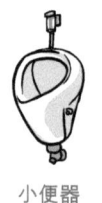

小便器

jisp'ana

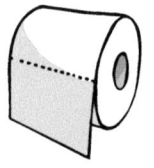

トイレットペーパー

papel higieniku

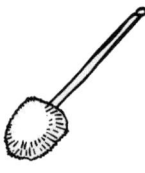

トイレブラシ

water pichana

歯ブラシ

kiru khituna

歯みがき

kiru pasta

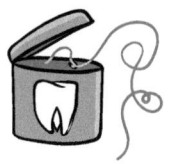

デンタルフロス

kiru q'aytu

洗う

mayllay

シャワーヘッド

armana makiwan

ハンドビデ

armana

洗面台

pila

ボディブラシ

wasa cepillo

石鹸

t'arta

シャワー用ジェル

llukllu armanapaq

シャンプー

champu

浴用タオル

ch'akina

排水口

ch'chi yaku wikch'una

クリーム

krima

消臭

kuntu wayllak'upaq

鏡

qhispi

手鏡

qhawakunaqhispi

かみそり

mumikuna

シェービング・フォーム

phusuqu mumikunapaq

アフターシェーブローショ
ン

lusiun mumikunapaq

櫛

sikrana

ブラシ

kuiru khituna

ドライヤー

sekadora

ヘアスプレー

ispray

化粧

makillaji

口紅

simi llimp'ina

マニキュア

llimp'i sillu

脱脂綿

ampi

爪切り

sillu k'utuna

香水

untu

洗面用具入れ

wayaqa ch'usanapaq

スツール

chukuna

体重計

aysana

バスローブ

bata

ゴム手袋

maki wayaqa gumamanta

タンポン

tampon

生理用ナプキン

raphi ch'akina

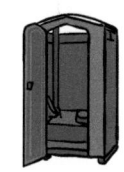

ケミカルトイレ

akanapaq tiyana kimiku

子供部屋

wawa k'uchu

目覚まし時計
riqch'achina
ぬいぐるみ
piluchi
おもちゃの自動車
kochi pukllana
がらがら
chanrara
ドール・ハウス
urpu wasi
プレゼント
qurina

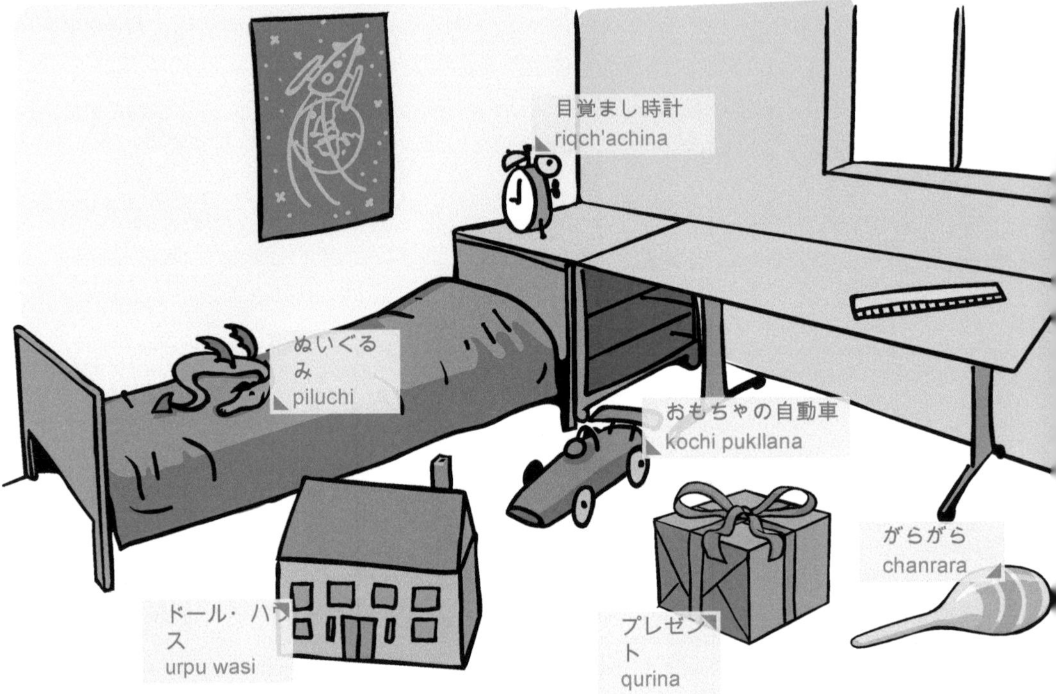

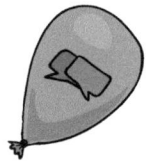

風船

phuyu phuku

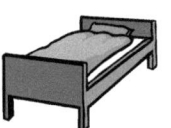

ベッド

puñuna

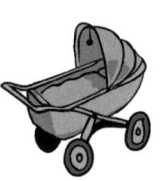

ベビーカー

wawa kochi

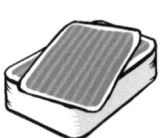

カードゲーム

naypi

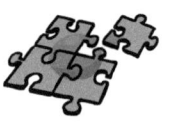

ジグソーパズル

pusli

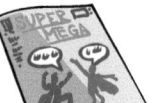

漫画

riwista

レゴ

legukuna

玩具ブロック

wluki pukllana

アクションフィギュア

figura aksionmanta

ロンパース

wuri wawapaq

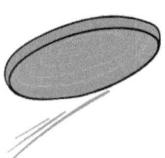

フリスビー

friswi

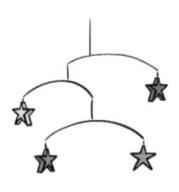

モバイル

wawa marq'a

ボードゲーム

jamp'ara pukllana

さいころ

dado

鉄道模型

trin iliktriko purina

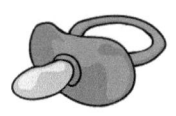

おしゃぶり

maniki

パーティー

raymi

絵本

futu p'anqa

ボール

p'ulu

人形

urpu

遊ぶ

pukllay

砂場

t'iyu p'utaki

ブランコ

wallunk'a

おもちゃ

pukllana

ゲーム機

wiriukunsula

三輪車

trisiklu

テディベア

jukumari pukllana

衣装ダンス

p'acha jallch'ana

衣服

p'acha

靴下

chakiwayaqa

ストッキング

chakiwayaqa qharipaq

タイツ

chakiwayaqa

スカーフ
chalina

ベルト
chunpi

雨傘
parawa

Tシャツ
kamisita

スニーカー
tinis

ブーツ
wutakuna

スリッパ
zapatillakuna

サンダル
llanq'i

靴
phapatukuna

ゴム長靴
wutakuna parapaq

パンツ
ukhu p'acha

ブラ
sustin

ベスト
chaliku

衣服 - p'acha

ボディースーツ

wuri

ズボン

pantalu kurtu

ジーンズ

wakiru

スカート

arphi

ブラウス

wulusa

シャツ

kamisa

セーター

chumpa

パーカー

chumpa

ブレザー

blazer

ジャケット

chakita

コート

qhata

レインコート

yawardina

服装

traji

ドレス

wistiru

ウェディングドレス

wistiru nowiamanta

スーツ

traji

ナイトガウン

kamisun

パジャマ

piyama

サリー

sari

ヘッドスカーフ

wandana

ターバン

turbante

ブルカ

burka

カフタン

kaftan

アバヤ

abaya

水着

traje mayllakunapaq

トランクス

p'acha mayllakunpaq

半ズボン

kurtu

スウェットスーツ

acha tukuy p'unchawpaq

エプロン

dilantal

手袋

makiwayaqa

ボタン
ch'itana

メガネ
gafakuna

ブレスレット
maki watana

ネックレス
wallqa

指輪
siwi

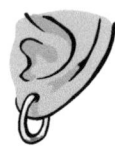

イヤリング
linri quri

帽子
q'aspa

ハンガー
p'acha warkhuna

帽子
chharara

ネクタイ
kurbata

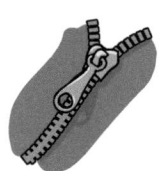

ファスナー
pantalu wisk'ana

ヘルメット
kasku

サスペンダー
tirantikuna

制服
uniforme

ユニフォーム
uniformi

よだれかけ
llawsanapaq

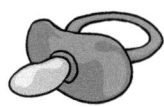

おしゃぶり
maniki

おむつ
jananta

オフィス
ujisina

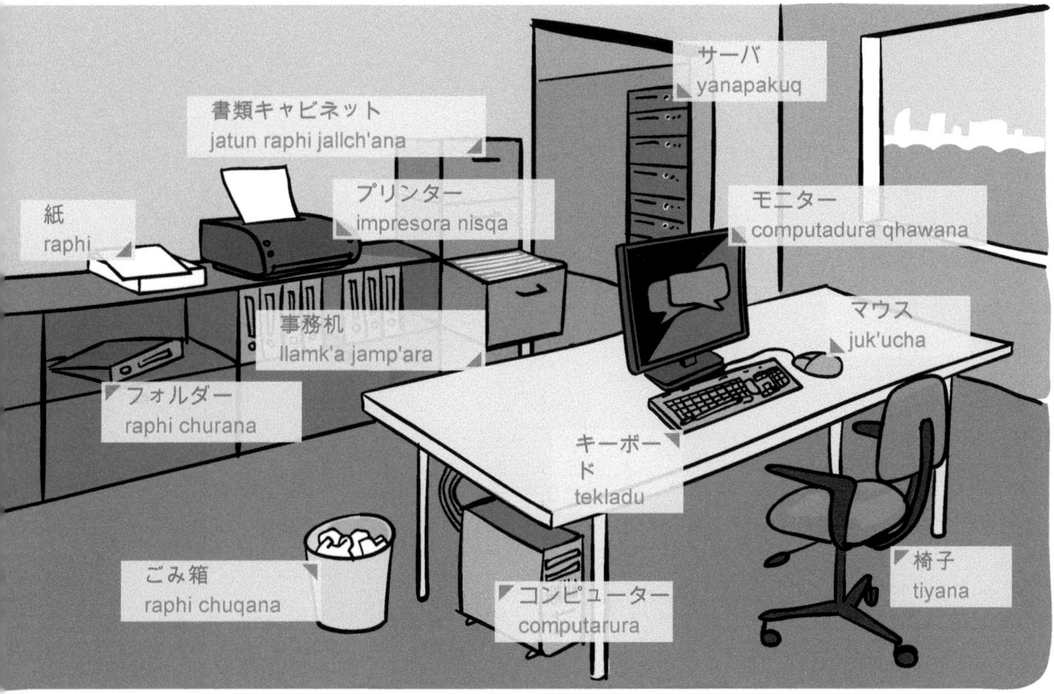

サーバ
yanapakuq

書類キャビネット
jatun raphi jallch'ana

プリンター
impresora nisqa

モニター
computadura qhawana

紙
raphi

事務机
llamk'a jamp'ara

マウス
juk'ucha

フォルダー
raphi churana

キーボード
tekladu

ごみ箱
raphi chuqana

コンピューター
computarura

椅子
tiyana

コーヒーマグ
tasa cajimanta

計算機
calcularura

インターネット
intirnit

ラップトップ

laptop

手紙

chaki qillqa

メッセージ

willachiy

携帯電話

silular

ネットワーク

red

コピー機

futukopia

ソフトウェア

software

電話

tilijunu

コンセント

toma corriente

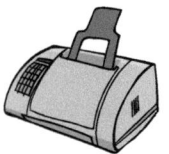

ファックス

faks

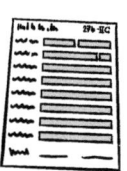

フォーム

jurmulario

書類

asuy qillqa

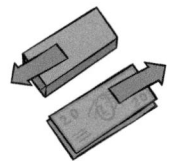

買う

ranqhay

支払う

qupuy

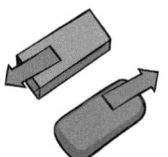

取引する

ranqhay

お金

qullqi

ドル

dólar qullqi

ユーロ

iwro qullqi

円

yen qullqi

ルーブル

ruwlu qullqi

スイスフラン

juranku swisu qullqi

人民元

rinminwi qullqi

ルピー

rupia qullqi

キャッシュポイント

kajiru awtumatiku

両替所

qullqi rantina wasi

金

quri

銀

qullqi

油

pitruliu

エネルギー

kallpa

価格

yupa

契約

mink'ay

税金

impuistu

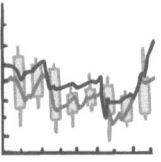

株

aksiun

働く

llamk'ay

従業員

llamk'achiq

雇用主

llamk'achiq

工場

puquchiy kiti

ショップ

tienda

警察官
ajinti policiamanta

消防士
wumwiru

コック
wayk'uq

医師
jampi kamayuq

パイロット
pilutu

庭師

inkill kamayuq

大工

llaqllaykamayuq

お針子

siraykamayuq

裁判官

khuskachaq

化学者

jampi ranqhaq

俳優

aranwaq

バスの運転手

awtuwus q'iwiq

タクシー運転手

taksi q'iwiq

漁師

challwakamayuq

掃除婦

pichaq

屋根ふき職人

wasip qhatan

ウェイター

wayna yanapaq

ハンター

chakuykamayuq

塗装工

llimp'iq

パン屋

t'antiri

電気工

iliktrisista

建設作業員

llam'kaq

エンジニア

k'llikacha

肉屋

ñak'aq

配管工

yaku kamayuq

郵便配達人

qillqa apaq

軍人

awqakuq

建築家

wasikamayuq

レジ係

kajiru

花屋

t'ikachaq

美容師

chukcharutuq

車掌

q'iwichiq

機械工

mikaniku

キャプテン

wamink'a

歯科医

kirukamayuq

科学者

jamawt'a

ラビ

rawinu

イスラム導師

k'askachimuq

修道士

munji

牧師

tata kura

道具

ruk'awi

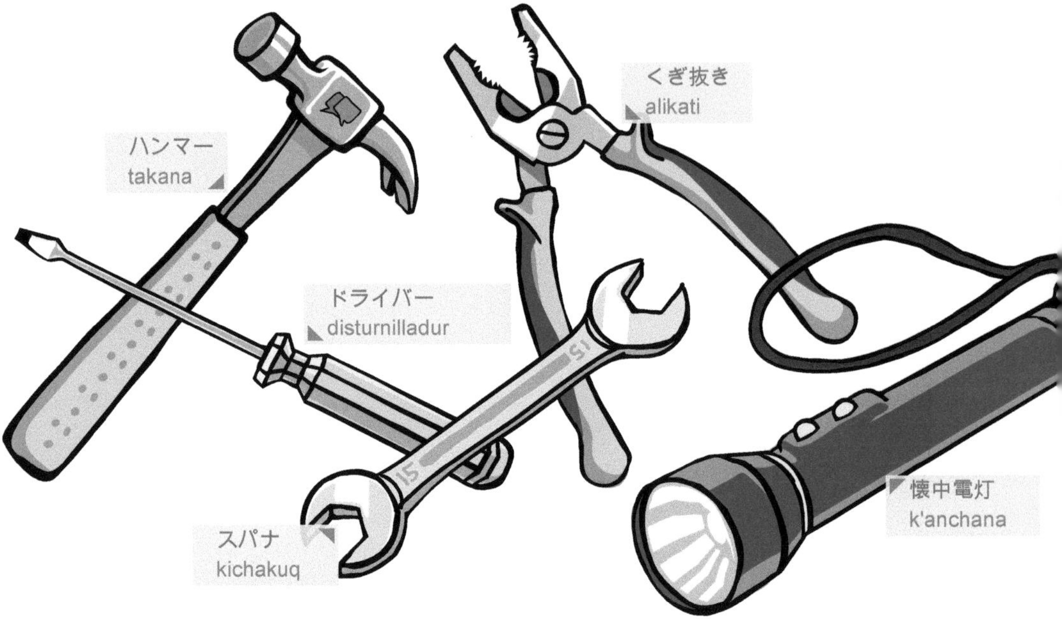

ハンマー
takana
くぎ抜き
alikati
ドライバー
disturnilladur
スパナ
kichakuq
懐中電灯
k'anchana

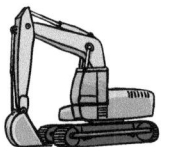

掘削機

ikskawadura

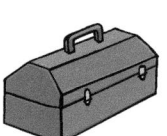

道具箱

ruk'awi p'uktaki

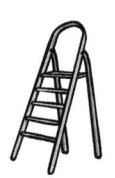

はしご

wichana makiyuq

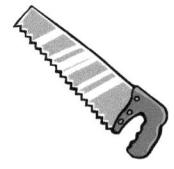

のこぎり

sierra

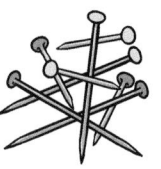

釘

takarpu

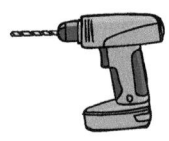

ドリル

talaru

修理する
allinchay

シャベル
lampa

クソ！
¡Supay apachun!

ちりとり
q'upa tantana

ペンキ缶
llimp'i churana

ネジ
turnillukuna

楽器
takichiy nakuna

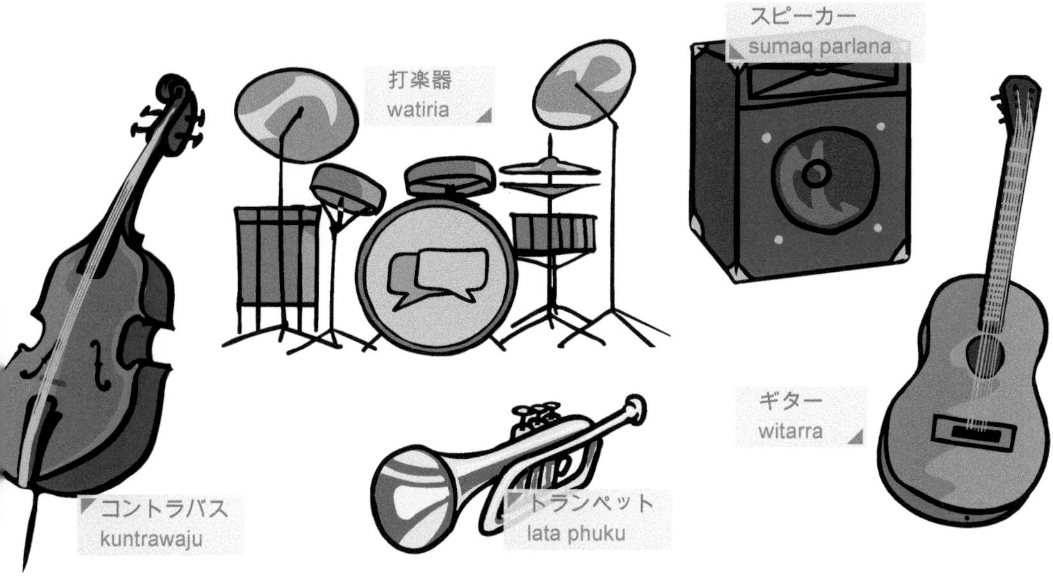

スピーカー
sumaq parlana

打楽器
watiria

コントラバス
kuntrawaju

トランペット
lata phuku

ギター
witarra

ピアノ

pianu

バイオリン

wiulin

バス

waju

ティンパニ

tinwalis

ドラム

wankar

キーボード

tikladu

サックス

saksu

フルート

phukuna

マイクロフォン

mikrufunu

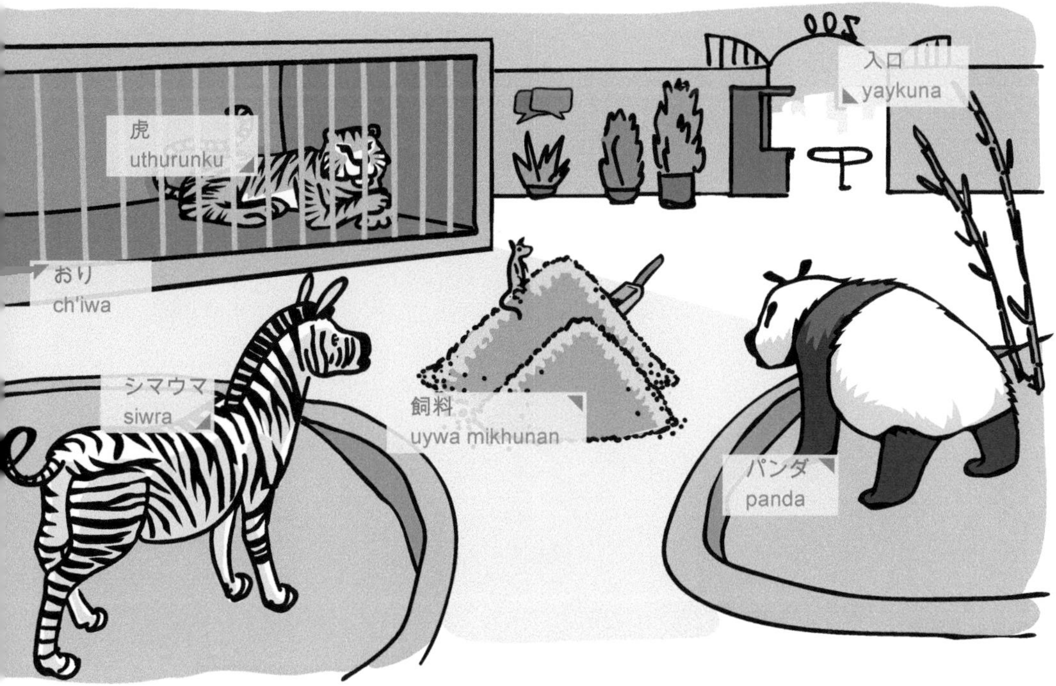

虎
uthurunku

入口
yaykuna

おり
ch'iwa

シマウマ
siwra

飼料
uywa mikhunan

パンダ
panda

動物
uywa

象
ilijanti

カンガルー
kanguru

サイ
rinusirunti

ゴリラ
gurila

熊
jukumari

ラクダ

kamillu

ダチョウ

suri

ライオン

puma

猿

k'usillu

フラミンゴ

pariwana

オウム

q'ichichi

白クマ

pular jukumari

ペンギン

pinwinu

サメ

tiwurun

クジャク

pawu

蛇

katari

ワニ

kukuwurilu

飼育係

jatun uywa kancha arariwa

アザラシ

fuka

ジャガー

uthurunku

ポニー

puni

ヒョウ

lliwpardu

カバ

hipuputamu

キリン

jirafa

鷲

anka

雄豚

sintiru

魚

challwa

亀

turtuga

セイウチ

mursa

狐

atuq

ガゼル

gacila

アメフト
amerikanu papawki pukllay

サイクリング
siklu rumpiy

テニス
tenis

バスケットボール
isanka papawki

水泳
wat'aku

ボクシング
ñuk'anaku

アイスホッケー
joki

サッカー
papawki pukllay

バドミントン
watmintun

陸上競技
lanlak

ハンドボール
kakcha

スキー
iski

ポロ
pulu

笑う
asiy

跳ぶ
phinkiy

抱きしめる
mak'alliy

歩く
puriy

歌う
takiy

夢見る
musquy

祈る
mañakuy

キス
much'ay

書く

qillqay

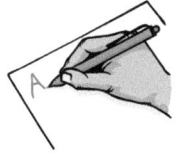

描く

t'iktuy

示す

qhawachiy

押す

tanqay

与える

quy

取る

uqhariy

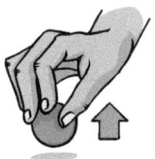

持っている

yuq

する

ruway

ある

kay

立つ

sayay

走る

t'ijuy

引く

chuqay

投げる

chuqay

落ちる

urmay

横たわっている

siriy

待つ

suyay

運ぶ

apay

座る

chukuchiy

着る

p'achachakuy

眠る

puñuy

目が覚める

rikch'ay

見る

qhaway

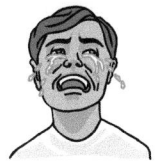

泣く

waqay

なでる

waylluy

櫛ですく

sikray

話す

rimay

理解する

unanchay

質問する

tapuy

聞く

uyariy

飲む

upyay

食べる

mikhuy

片づける

kamachiy

愛する

khuyay

料理する

wayk'uy

運転する

q'iwiy

飛ぶ

phaway

ヨットに乗る

wamp'uy

計算する

yupanchay

読む

ñawiriy

学ぶ

yachay

働く

llamk'ay

結婚する

sawaray

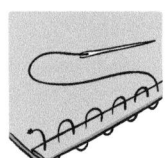

縫う

siray

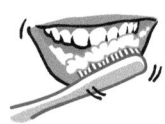

歯を磨く

kiru khitukuy

殺す

wanchiy

喫煙する

pitay

送る

kachay

家族

yawar masikuna

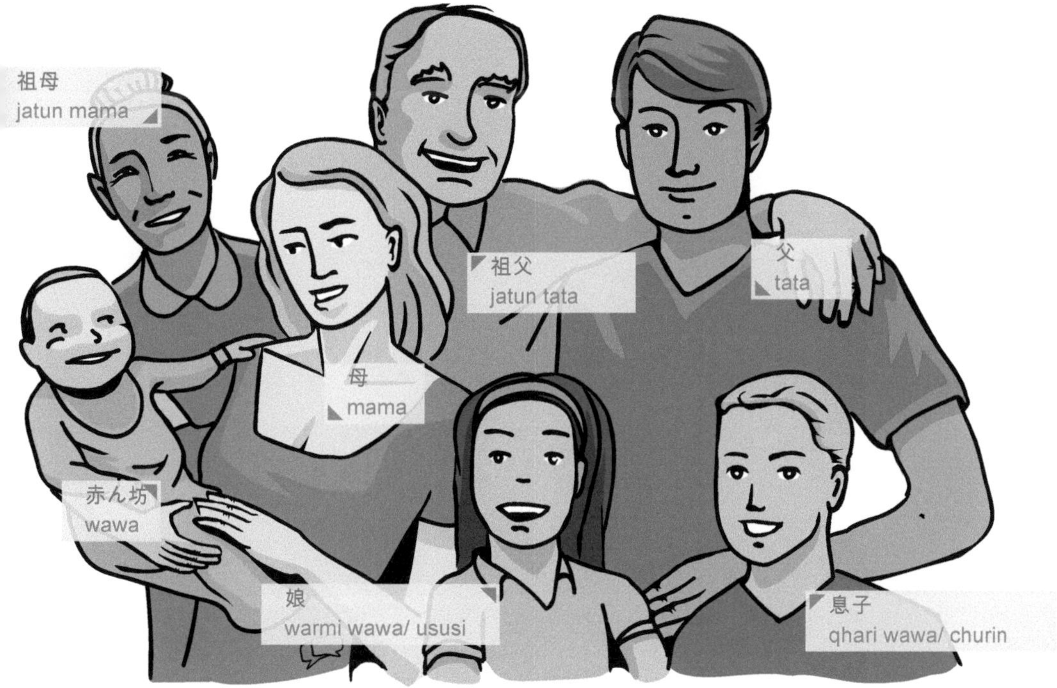

祖母
jatun mama
祖父
jatun tata
父
tata
母
mama
赤ん坊
wawa
娘
warmi wawa/ ususi
息子
qhari wawa/ churin

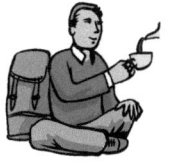

お客様

jamuynisqa

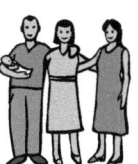

おば

ipa

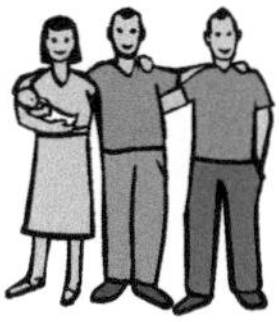

おじ

kaki

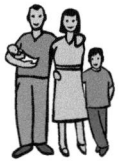

兄弟

tura/wawqi

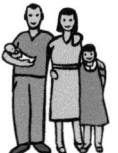

姉妹

ñaña/pana

体

uqhu

ひたい
mat'i
目
ñawi
肩
likra
指
ruk'ana
顔
uya
あご
sunkha
手
maki
脚
t'usu
胸
qhasqu
腕
likra

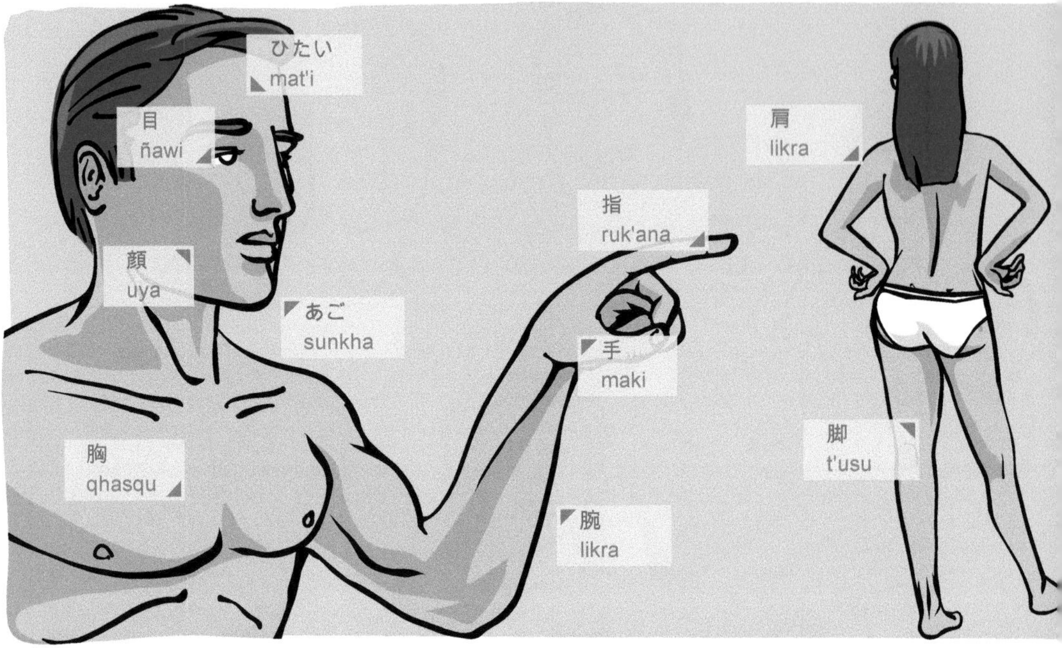

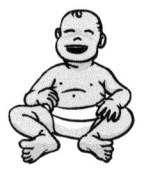

赤ん坊

wawa

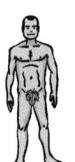

男性

qhari

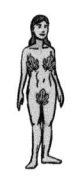

女性

warmi

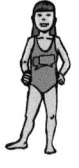

少女

sipas

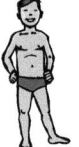

少年

yuqalla

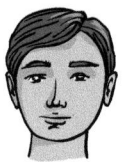

頭

uma

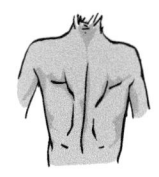

背中
wasa

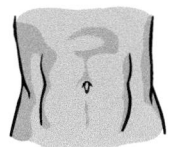

腹
wisa ukhu

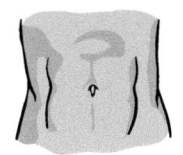

へそ
pupu

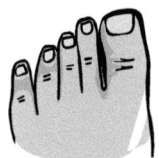

足指
ruk'ana

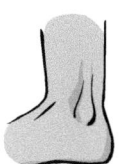

かかと
takillpa

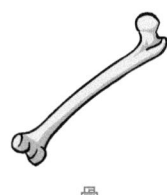

骨
tullu

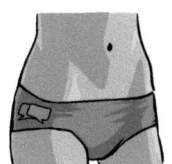

腰
chaka

ひざ
muqu

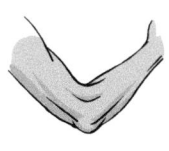

ひじ
maki muqu

鼻
sinqa

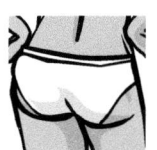

尻
siki

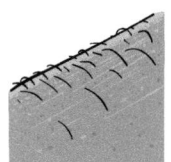

皮膚
qara

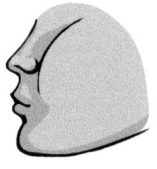

頬
k'aqlla

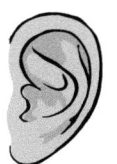

耳
linri

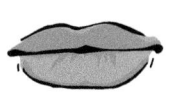

唇
sipri

口
....
simi

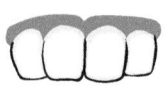

歯
....
kiru

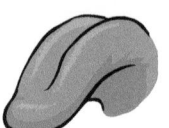

舌
....
qallu

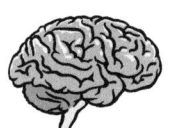

脳
....
ñuqtu

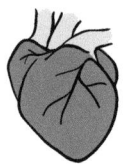

心臓
....
sunqu

筋肉
....
mach'i

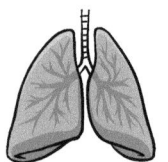

肺
....
surq'an

肝臓
....
k'iwicha

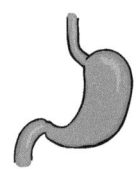

胃
....
wisa

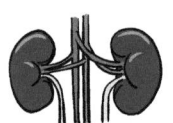

腎臓
....
wasa ruru

セックス
....
lluq'anaku

コンドーム
....
condon

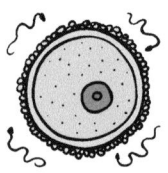

卵細胞
....
ch'uytu

精液
....
yuma

妊娠
....
wiksayuq kay

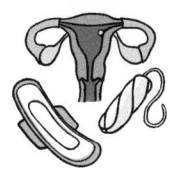

月経
....
k'ikuy

膣
....
rakha

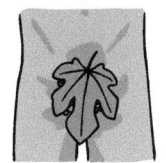

ペニス
....
ullu

眉
....
qhichira

髪
....
chukcha

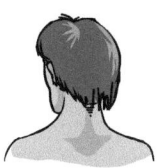

首
....
kunka

病院

Jampina wasi

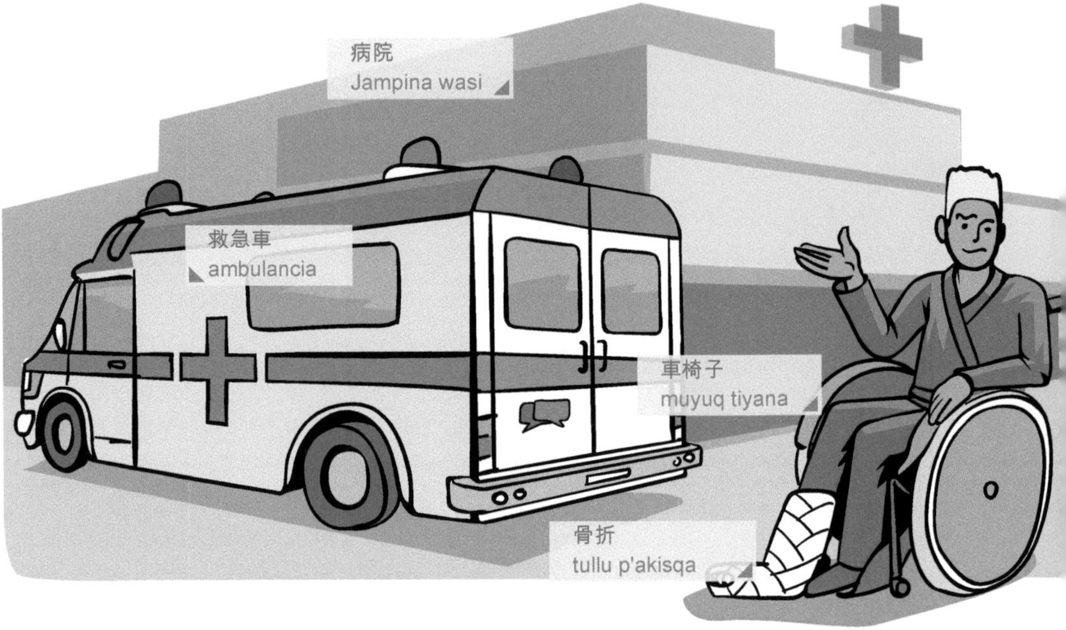

病院
Jampina wasi
救急車
ambulancia
車椅子
muyuq tiyana
骨折
tullu p'akisqa

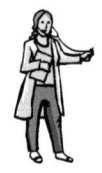

医師

jampi kamayuq

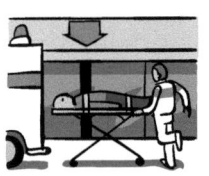

救急治療室

urgencia wasi

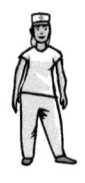

看護師

jampi yanapaq

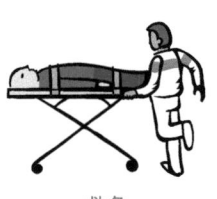

救急

urjinsia

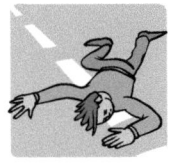

失神

mana yuyayniyuqchu

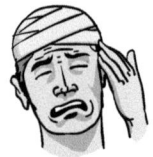

痛み

nanay

けが

ñuti

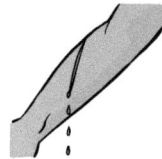

出血

sirk'ay

心臓発作

infarto

脳卒中

wayra

アレルギー

millachikuq

咳

ch'uju

熱

k'aja unquy

インフルエンザ

p'urqi

下痢

q'icha

頭痛

uma nanay

癌

isqu unquy

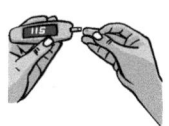

糖尿病

diyawitis

外科医

jampi kamayuq

外科用メス

bisturi

手術

upirasiun

CT
TAC

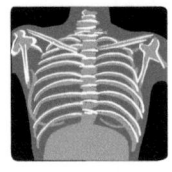

レントゲン
tullurikuchi

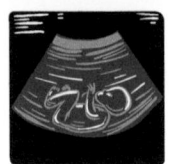

超音波
ultrasunidu

マスク
jark'ana

病気
unquy

待合室
suyanapaq k'illi wanlla

松葉づえ
tawna

ばんそうこう
tinta

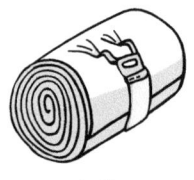

包帯
manku

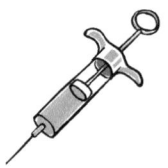

注射
inyiksiun

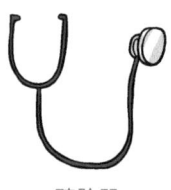

聴診器
istituskupiu

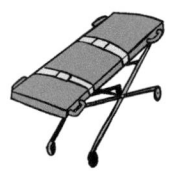

担架
kallapu

体温計
llaphi tupuna tupu

出産
paqarisqa

肥満
wirachasqa

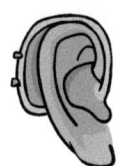

補聴器

audifono

消毒剤

disinjiktanti

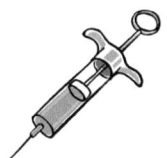

感染

q'iyacha

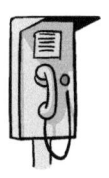

ウイルス

miyu

HIV / エイズ

VIH / SIDA

内服薬

jampi

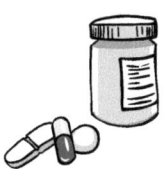

予防接種

wakuna

錠剤

tawlitakuna

ピル

pastilla

緊急電話

usqay waqyana

血圧計

tinsiumitru

病気の / 健康な

unqusqa / qhali

助けて！

¡Yaw!

アラーム

alarma

暴行

manchay

攻撃

waykha

危険

chhiki

非常口

punku utqay lluqsinapaq

火事だ！

¡Nina!

消火器

nina wañichiq

事故

ñak'ariy

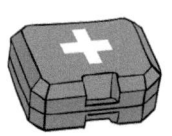

救急箱

botiquin de primeros
auxilios

SOS

SOS

警察

pulisiya

ヨーロッパ

Iwrupa

北米

Chincha Amerika

南米

Qulla Amerika

アフリカ

Ajurika

アジア

Asia

オーストラリア

Awstralia

大西洋

Atlantiku

太平洋

Pasijiku

インド洋

Indiku mama qucha pacha

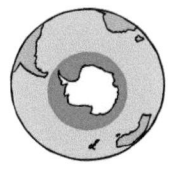

南極海

Antartiku mama qucha pacha

北極海

Artiku mama qucha pacha

北極

chincha pulu

南極
....
qulla pulu

南極大陸
....
Antartida

地球
....
Pacha

陸
....
jallp'a

海
....
mama qucha

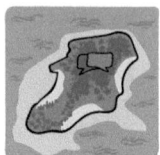

島
....
tara

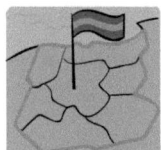

国家
....
llaqta

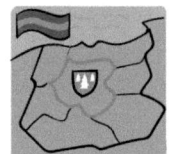

国家
....
Suyu

文字盤
muruq'u

短針
phani tuqsiq

長針
chininiq

秒針
ch'ipu yupaq

何時ですか？
¿Ima phanitaq?

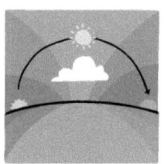

日
p'unchaw

時間
pacha

現在
kunan

デジタル時計
dijital inti watana

分
chinini

時間
phani

週

qanchischaw

月曜
killachaw

水曜
quyllurchaw

金曜
ch'askachaw

火曜
atichaw

土曜
k'uychichaw

木曜
illpachaw

日曜
intichaw

昨日
qayna

今日
kunan

明日
p'unchaw

朝
p'unchaw

昼
chawpi p'unchaw

夜
sukha

営業日
llamk'ana p'unchawkuna

週末
tukuq qanchischawnin

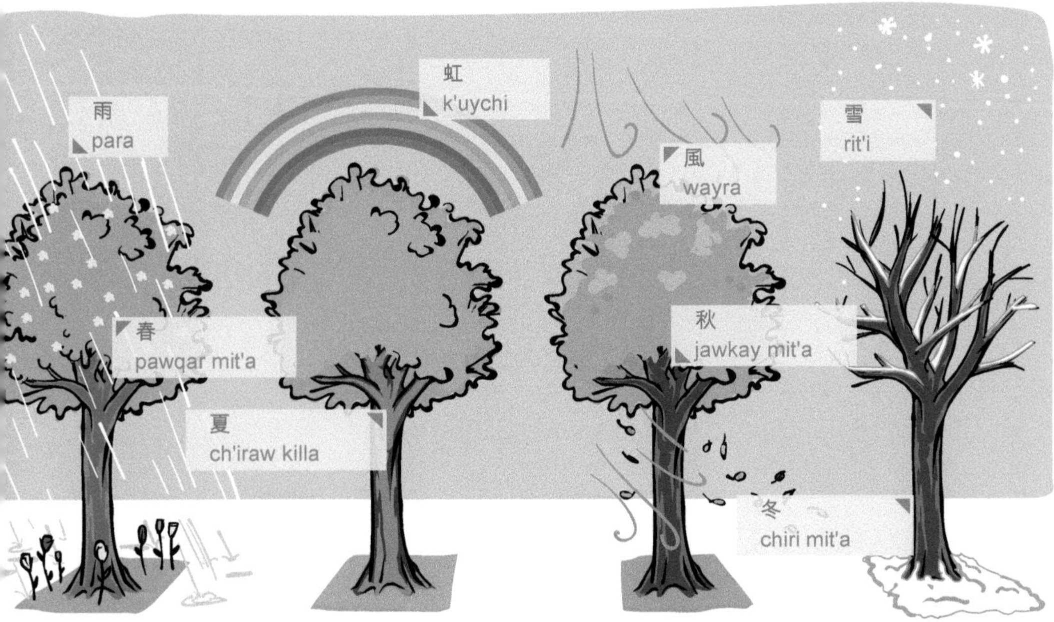

雨
▶ para

虹
k'uychi

風
wayra

雪
rit'i

春
pawqar mit'a

夏
ch'iraw killa

秋
jawkay mit'a

冬
chiri mit'a

4.APRIL	11°	☀
5.APRIL	4°	🌧
6.APRIL	13°	🌧
7.APRIL	8°	☀
8.APRIL	10°	☀

天気予報

inti raki

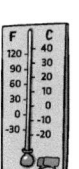

温度計

tirmumitru

日差し

inti

雲

phuyu

霧

phuyu

湿度

juq'u

雷

illapa

雷

illapa

嵐

tamya

ひょう

chikchi

季節風

muyuq wayra

洪水

lluqlla

氷

chullunka

1月

qhaqmiy killa

2月

jatunpuquy killa

3月

pachapuquy killa

4月

ariwaki killa

5月

aymuray killa

6月

jawkaykuskuy killa

7月

chakrakunakuy killa

8月

chakraypuy killa

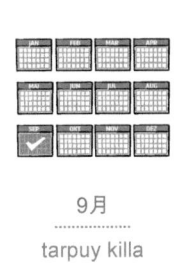

9月
....
tarpuy killa

10月
....
pawqarwara killa

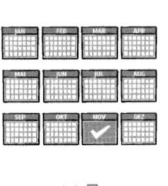

11月
....
ayamarq'ay killa

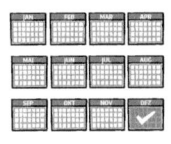

12月
....
qhapaq inti raymi killa

形

pacha tupusqa rikch'ay

円
....
muyu yupa

正方形
....
tawak'uchu yupa

長方形
....
sayt'u yupa

三角
....
kimsa k'uchu yupa

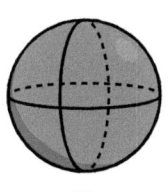

球
....
muruq'u

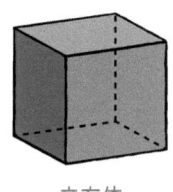

立方体
....
yupa wayru

llimp'ikuna

白
....
yurak

黄
....
q'illu

オレンジ
....
willapi

ピンク
....
panti

赤
....
puka

紫
....
kulli

青
....
anqas

緑
....
q'umir

茶
....
ch'umpi

灰色
....
uqi

黒
....
yana

多い / 少ない
achkha / pisi

怒っている /
落ち着いている
phiña / qhasi

美しい / 醜い
k'acha / millay

初め / 終わり
qallariy / tukuy

大きい / 小さい
jatun / juch'uy

明るい / 暗い
sut'i / tuta

兄弟 / 姉妹
wawqi / pana

清潔な / 汚い
llimphu / ch'ichi

完全な / 不完全な
junt'asqa / mana junt'asqa

日中 / 夜
p'unchaw / tuta

死んだ / 生きている
wañusqa / kawsaq

幅広い / 狭い
chhuqu / k'ichki

食べられる ／
食べられない
mikhunapaq / mana
mikhunapaqchu

悪意のある ／ 親切な
sakra / k'acha

興奮している ／
退屈じている
kusisqa / majisqa

太った ／ 痩せた
rakhu / tullu

最初に ／ 最後に
ñawpaq / qhipa

友人 ／ 敵
masi / awqa

いっぱいの ／ 空の
junt'a / ch'in

硬い ／ 柔らかい
k'urki / llamp'u

重い ／ 軽い
llasa / chhalla

空腹 ／ 喉の渇き
yarqhay / ch'akiy

病気の ／ 健康な
unqusqa / qhali

違法な ／ 合法な
chanin / mana chanin

賢い ／ 愚かな
yuyaysapa / upa

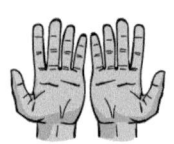

左に ／ 右に
lluq'i / paña

近い ／ 遠い
qaylla / karu

新しい　/　中古の

musuq / mawk'a

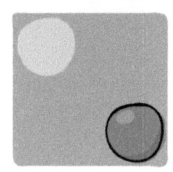

何もない　/　何かある

ch'usaq / imapis

老いた　/　若い

machu / wayna

オン　/　オフ

jap'isqa / wanchisqa

開いている　/
閉まっている

kichasqa / wisq'asqa

静かな　/　うるさい

ch'in / ch'aqwa

裕福な　/　貧乏な

qhapaq / wakcha

正しい　/間違っている

chiqan / mana chiqan

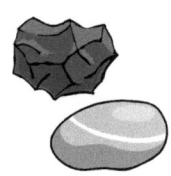

粗い / なめらか

qhachqa / llamp'u

悲しい　/　幸せな

llakisqa / kusi

短い　/　長い

k'aka / karu

ゆっくり　/　速い

jayra / utqay

濡れた　/　乾いた

juq'u / ch'aki

温かい　/　冷たい

rupha / chiri

戦争　/　平和

awqay / sunqu tiyakuy

0

ゼロ

ch'usak

1

1

uk

2

2

iskay

3

3

kimsa

4

4

tawa

5

5

phichqa

6

6

suqta

7

7

qanchis

8

8

pusaq

9

9

jisq'un

10

10

chunka

11

11

chunka ukniyuq

12

12
chunka iskayniyuq

13

13
chunka kimsayuq

14

14
chunka tawayuq

15

15
chunka phichkayuq

16

16
chunka suqtayuq

17

17
chunka qanchisniyuq

18

18
chunka pusaqniyuq

19

19
chunka jsq'unniyuq

20

20
iskay chunka

100

100
pacha

1.000

1000
waranqa

1.000.000

100万
junu

英語

inklis simi

アメリカ英語

amerikanu inklis simi

中国標準語

mandarin chinu simi

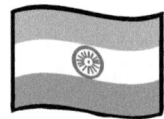

ヒンディー語

jindi simi

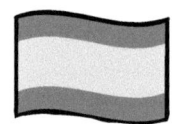

スペイン語

castilla simi

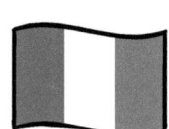

フランス語

fransis simi

アラビア語

arabia simi

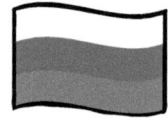

ロシア語

rusia simi

ポルトガル語

purtugal simi

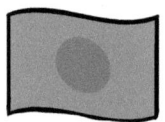

ベンガル語

bingali simi

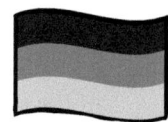

ドイツ語

alimania simi

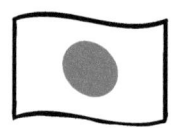

日本語

japun simi

私

ñuqa

あなた

qam

彼 / 彼女 / それ

pay / pay / chay

私たち

ñuqanchik

あなたたち

qamkuna

彼ら

paykuna

誰？

¿pitaq?

何？

¿imataq?

どうやって？

¿imaynataq?

どこ？

¿maypitaq?

いつ？

¿mayk'aq?

名前

suti

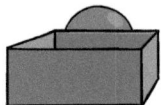

後ろ

qhipa

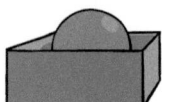

中

pi

前

ñawpaq

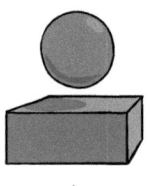

上

pantanpi

上

pata

下

uranpi

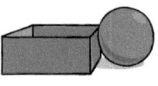

横

kuska

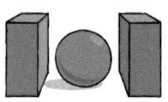

間

chawpi

場所

chiqan